10.

Die Schweiz in alten Ansichtskarten
Luzern

Luzern
in alten Ansichtskarten

Herausgegeben von
Anton R. Steiner

FLECHSIG VERLAG FRANKFURT AM MAIN

Die hier abgebildeten Ansichtskarten sind vom Bildarchiv der Zentralbibliothek Luzern freundlicherweise zur Verfügung gestellt worden. Der Herausgeber dankt seinem Nachfolger im Amt, Herrn Dr. Michael Riedler, dafür herzlich.

Umschlagmotiv:
Rechtsufriger Brückenkopf der Kapellbrücke,
im Hintergrund die Jesuitenkirche

Alle Rechte vorbehalten
© 1981 by Flechsig Verlag, Frankfurt am Main
Gesamtherstellung: Kösel GmbH & Co., Kempten
Printed in Germany
ISBN 3 88189 045 9

Vorwort

1908 erschien im Leipziger Verlag Klinkhardt & Biermann in der Reihe »Stätten der Kultur« Band 7 ein schön illustriertes Büchlein mit dem Titel »Luzern, der Vierwaldstätter See und der St. Gotthard«. Der Verfasser hieß Hermann Kesser. Was er damals – es war die Zeit der nie mehr erreichten Hochkonjunktur des schweizerischen Fremdenverkehrs – schrieb, hat heute noch seine wenn auch zum Teil bedingte Richtigkeit. Für die Zeit um die Jahrhundertwende war es so, wenn er feststellt: »Luzern, die Fremdenhauptstadt des Landes, kann sich über ein Reisepublikum mit gelehrten Neigungen kaum beklagen. Das Luzern von heute, das sommerliche Luzern mit dem bunten Fremdenleben, hat sich, wie alle internationalen Kurorte, völlig den Wünschen der modernen Reisewelt angepaßt. Wenn die Schweiz der »Playground« Europas ist, so wurde die Stadt am Vierwaldstättersee seine Metropole. Sobald der Sommer kommt, versteckt sich die alte Stadt. Das luzernische Bürgerleben hört auf. Luzern wird kosmopolitisch.

Die Internationale aber sucht vor allem die Bekanntschaft der hervortretenden landschaftlichen Hauptstücke und kümmert sich wenig um die Stadt. Und darüber braucht man sich nicht zu wundern. Was für den Fremden, der sich Venedig besieht, die Markuskirche, für den Rompilger Sankt Peter und das Kolosseum sind, das ist nicht etwa für den Besucher Luzerns die große und reiche Stiftskirche St. Leodegar. Das sind nicht die Bauten der Stadt, sondern die Bauten der Natur: Die Berge, das sanfte Halbrund der Hügel, von denen die Stadt gerahmt ist, der Pilatus mit seinen Felszacken, der Rigi mit seinen Zahnradbahnen, der smaragdgrüne Vierwaldstättersee und die Fernsicht auf die blauweißen Hochalpen. Luzern selbst spielt nur die Rolle der bequemen Ruhebank, von der aus sich diese Herrlichkeiten mit Muße und Behaglichkeit betrachten lassen. Es ist nur Mittel zum Zweck, aber nicht Selbstzweck des Besuches. Man freut sich darüber, daß es von weitschauenden Unternehmern so wohnlich eingerichtet ist. Man ist froh, daß man so ungestört genießen kann, aber größere Aufmerksamkeit und mehr Dank, als irgendeiner Mittelsperson, die uns im Theater einen schönen Platz verschafft, wird der Stadt am Vierwaldstättersee meistens nicht gezollt, und niemand denkt daran, sich nach ihrer Geschichte zu erkundigen. Die Landschaft und immer wieder die Landschaft zieht den Blick auf sich.«

»Die Umgebung Luzerns ist es, die der Kantonshauptstadt zur Weltberühmtheit verholfen hat. Es gibt nichts Künstliches, nichts von Menschen Gemachtes, das sich neben der Landschaft als gleichwertig behaupten kann, denn Luzern ist ein Sammelpunkt aller Alpenschönheiten, eine Erfüllung alles Erwarteten und eine Neuverheißung von Bildern, die man noch nicht einmal geahnt hat.«

Alle die vielen Besucher Luzerns, die uns ihre Reiseeindrücke schriftlich hinterlassen haben (siehe: Franz Zelger: Luzern im Spiegel alter Reiseschilderungen. Luzern, 1933), äußern sich im ähnlichen Sinne wie Hermann Kesser. Kaum einer nimmt Notiz von der Stadt mit ihren alten Häusern, Straßen und Gassen. Das Urteil des Philosophen Arthur Schopenhauer, der im Juni 1804 zu Besuch in Luzern weilte, ist nicht das einzige, aber besonders bemerkenswerte seiner Zeitgenossen, wenn er meint: »Luzern ist ein kleines schlechtgebautes menschenleeres Städtchen. Seine Lage ist indessen eine der schönsten in der Schweiz.« Es ist so. Die Stadt spielt weit bis ins 20. Jahrhundert eine Aschenbrödelrolle. Nur wenige Besucher entdecken in den winkligen Gassen die vornehmen Patrizierhäuser, die schön bemalten Zunftstuben, die alten Kirchen, Klöster und Kapellen mit den Kunstdenkmälern aus den verschiedenen Stilepochen. Noch spricht kein Mensch vom Haus des Schultheißen Hertenstein, der es 1517/19 vom Meister Hans Holbein d. J. innen und außen mit Fresken schmücken ließ. Von jenem Haus, das 1824 von einem Ausländer ohne Protest und Widerstand der Bevölkerung niedergerissen wurde und heute bestimmt eines der kostbarsten Baudenkmäler wäre. Das Wenige, das den Besuchern in der Erinnerung haften blieb, das waren die vier Brücken, die die beiden Ufer der Reuß miteinander verbanden. Vor allem war es die Kapellbrücke mit ihren Giebelbildern, die heute noch das Entzücken und Erstaunen der vielen Gäste und Besucher erregt. Die malenden und zeichnenden Künstler, die meistens noch zu Fuß die Schweiz durchzogen, sahen von den Anhöhen rings um die Stadt die nahen Berge und die schneebedeckten Gipfel der Hochalpen und versuchten sie in farbigen Panoramen künstlerisch wiederzugeben. Und so auch die Photographen und Hersteller der Ansichtskarten und Photosouveniers, die mit sogenannten Montagen den Pilatus direkt hinter dem Bahnhof aufsteigen ließen, um so die Absatzziffern vergrößern zu können.

In seiner Geschichte der Bildpostkarte behauptet Richard Carline (Pictures in the Post. The Story of the Picture Postcard. G. Fraser, Bedford), daß die erste Bildpostkarte 1865 in Basel versandt wurde und daß der Aufstieg der Ansichtskarte zur Weltbeliebtheit erst mit der Pariser Ausstellung von 1889 und mit dem Eiffelturm begann. Nun wird aber allgemein angenommen, daß der Buchdrucker und Verleger A. Schwartz in Oldenburg im deutschfranzösischen Krieg 1870 die erste Bildpostkarte mit einer aufgedruckten bildlichen Darstellung, nämlich einem Kanonier mit Kanone, herausgegeben hat. Eine

Leipziger Firma soll diesen Gedanken aufgegriffen haben und sog. »Feldpostkarten« in Massen hergestellt haben. Das war das Geburtsjahr der Ansichtskarte.

Am 26. September 1899 erschien im »Luzerner Tagblatt« eine Mitteilung, daß die erste illustrierte Postkarte im Jahre 1880 von Basel aus in die Welt hinausgesandt worden sei. Ein G. Fenner-Matter in Basel habe im genannten Jahr die erste Ansichtskarte herausgegeben und dafür von der im Frühjahr 1880 in Nizza durchgeführten Ausstellung die große goldene Medaille erhalten. Dieser Artikel wurde in der gleichen Tageszeitung schon am 5. Oktober darauf vom Luzerner Numismatiker und Antiquar Adolf Inwyler dahin richtig gestellt, daß die erste illustrierte Postkarte schon zur Zeit des Preußenfeldzugs mitten aus der Zentralschweiz von Posthalter Britschgi in Kerns verschickt worden sei. Wir entnehmen diese interessante Mitteilung einem Zeitungsartikel aus dem Luzerner Tagblatt vom 17. Juli 1963. Der Verfasser Robert Inwyler, Sohn von Adolf, gibt genaue Daten und Fakten von Posthalter Britschgi, der im 90. Lebensjahr am 31. Dezember 1925 gestorben ist. Die Glaubwürdigkeit dieses Mannes ist bezeugt. Leider konnten wir keine selbstgefertigten Karten dieses originellen Mannes zu Gesicht bekommen und es sind uns auch keine bekannt. So darf wohl dem Oldenburger Drucker Schwartz die Erfindung der ersten Ansichtskarte und der uns unbekannten Leipziger Firma die Massenherstellung zugeschrieben werden.

In der Schweiz war es der Zürcher Verleger H. Locher, bekannt durch die Herausgabe schöner Grafik, der 1872 zum ersten Mal eine ganze Kartenseite zur Darstellung einer Landschaft benutzte. Das landschaftliche Motiv wirkte richtungsweisend. Es waren vorerst die Berglandschaften, die als Alpenpanoramas auf Ansichtskarten erscheinen. Später entdeckte man auch die Landschaft des Flachlandes, die »ansichtskartenwürdig« wurde. Dann begann die unübersehbare Reihe der Städtebilder, bis man vor allem nach dem Ersten Weltkrieg die Schönheit der Landschaft sogar aus der Vogelschau, d. h. aus dem Flugzeug, zu erkennen begann.

Der großen Wandlung in der Auswahl der Motive entsprach die Art der Herstellung. Während die ersten Karten meistens als Stahlstichdrucke angefertigt wurden, ging man bald zur Verwendung des Gummistempels über. Bald kam der Holzstich, die sog. Xylographie auf. Sie wurde neben der Lithographie bis zu Beginn des 20. Jahrhunderts angewandt. Ein gewisser Adolph aus Passau soll schon 1878 die ersten Ansichtskarten im Lichtdruckverfahren hergestellt haben. Damit bemächtigte sich die Photographie der Ansichtskarten und als die ersten Photographen das Bild gleich auf das Kartenpapier übertrugen und damit zur raschen Vervielfältigung kamen, tat sich ein neues, sich ungeheuer weitendes Feld der Entwicklung auf. Wichtiger als die Auswertung geschäftstüchtiger Ideen war die Einstellung der Künstler zur

Ansichtskarte, die durch die technische Darstellungsmöglichkeit im günstigen Sinne beeinflußt wurde.
In den »Luzerner Nachrichten« vom 25. April 1963 schildert Dr. Hans Segesser-Epp den Siegeszug der Ansichtskarte folgenderweise: In Luzern hatte ein Friedrich Voege im Haldenhof ein Ansichtspostkarten-Versand-Geschäft eröffnet. Er war offenbar ein guter Geschäftsmann. In den Zeitungen tat er nämlich kund und zu wissen, daß er an der Haldenstraße sein Geschäft »unter Berücksichtigung von pikanten Neuheiten des Genres (Dreyfuß-Affäre)« betreibe. Daß dieser neuen Industrie ein voller Erfolg beschieden war, meldete auch der »Luzerner Tages Anzeiger« im Jahre 1898. Er berichtet nämlich vom kolossalen Aufschwung, den der Vertrieb der Ansichtskarten in Deutschland genommen habe. »In diesem Sport stehen unsere Nachbarn im Norden offenbar in erster Reihe«, kann das Blatt berichten und es hat auch festgestellt, daß die Deutschen, die als »Touristen oder Kuranten« nach Luzern kamen, die besten Kunden der Geschäfte waren, die Ansichtspostkarten verkauften. Der Verfasser des Artikels erkannte auch, daß diese Entwicklung für die Geschäftsleute am Platze von ganz besonderer Bedeutung sei, übe sie doch einen befruchtenden Einfluß auf verschiedene Industrie- und Erwerbszweige aus. Er glaubt auch, daß die Einheimischen allen Grund hätten, der Postkarte ein lebhafteres Interesse entgegenzubringen, als bis hin.

Dieses Interesse weckte denn auch Herr Voege und er eröffnete am 1. September 1898 eine Postkarten-Ausstellung im Hause Ecke Zürichstraße-Löwenplatz, die einen Monat lang als etwas »ganz Apartes und Interessantes« zu besichtigen war. Mit Stolz konnte auch der Lokalredakteur der erwähnten Zeitung melden, daß das »flotte Arrangement« ungemein sehenswert war und vor allem von der Fremdenwelt stark besucht wurde. Daß das Ansichtspostkarten-Gewerbe von der vor allem am Fremdenverkehr interessierten Geschäftswelt gut aufgenommen und von ihr sogar gefördert wurde, zeigte die große Auswahl, die von Jahr zu Jahr reichhaltiger geworden ist und auch heute noch von allen Postkartenschreibern und -liebhabern geschätzt wird.
Wohl als einmalig konnte der Postkarten-Tunnel angesprochen werden, der in der Passage zum Stein noch lange nach dem Ersten Weltkrieg die Käufer und Sammler zur Besichtigung lockte. Herr Voege aber hat für seine Ausstellung auch einen Haus-Poeten bemüht, der ihm »Das Lied von der Ansichtskarte« dichtete. Die Schlußstrophe dieser Hymne lautete:
»Die Ansichtskarte hat die Welt erobert!
D'ran ändern tausend kleine Spötter nichts.
Was liegt Dem, der erfolgreich vorwärts dringt
Am Nörgeln eines allgescheiten Wichts?
Die Ansichtskarte herrscht weit und breit,
Herrscht über alles; ihr gehört die Zeit!«

Bildverzeichnis

Allmend	92
Alpenstraße	59
Antoniuskapelle	81
Baghardsturm	29
Bahnhof	18
Bahnhofstraße	44, 77
Barfüßerbrunnen	81
Baselstraße	35
Bielmannsches Geschäfts- & Wohnhaus	35
Bierhalle Muth	59
Bruchkloster	83
Cafe Huguenin	59
Dornacherhaus	37
Du Lac, Hotel	44
Festhalle	12
Fluhmattschulhaus	61
Franziskanerkirche	80, 81
Freier Hof	77
Fronleichnamsprozession	57
Gerichtsgebäude	75
Gewerbegebäude	64
Gletschergarten	86
Gotthardbahn-Verwaltungsgebäude	60
Grendel	32
Gütsch, Hotel	43, 91
Hauptpost	62
Helvetia, Hotel	40
Hirschengraben, oberer	25
Hirschpark	76
Hochwasserkatastrophe	53, 54
Hofkirche	55, 56
Jesuitenkirche	82
Jura, Hotel	78
Kaiser Wilhelm II.	45
Kantonalbank	63
Kantonsspital	65
Kapellbrücke	13–15, 23
Kapellgasse	31
Kapellplatz	30
Kapuzinerkloster	85
Königin Viktoria	41
Kornmarkt	36
Kriegs- & Friedensmuseum	61
Kurplatz	50
Kursaal	46
Löwendenkmal	86
Löwenplatz	58
Luftschiffstation	87, 88

Marienkapelle	81
Monopol-Metropol, Hotel	39
Mühlenplatz	33, 64
Museggtürme	69, 81
Nationalquai	49
Nölliturm	71
Nuntiatur, ehemalige	36
Obergrund	72, 73
Palace-Hotel	47
Pauluskirche	81
Pferderennen	93
Pilatus	26
Pilatusplatz	72
Pilatusstraße	41, 78
Rathaus	21, 22
Reußbadanstalt	67
Reußbrücke	16, 17
Richard-Wagnerhaus	85
Rigi	23
Rigi, Hotel	32
Rößligasse	36
Rößli, Hotel	33
Rothenburgerhaus	90
St. Karliquai	70, 71
St. Peterskirche	29
Seebrücke	11
Seenachtfest	95
Schwanen, Hotel	27
Schwanenplatz	32
Schweizerhof, Hotel	45
Schweizerhofquai	52, 53
Spreuerbrücke	20
Stadttheater	82
Sternenplatz	43
Suidtersche Apotheke	79
Unter der Egg	24
Untergrundquartier	68
Urselinenkloster	84
Viehmarkt	25
Viktoria, Hotel	41
Villenstraße	74
Volkshaus	72
Waage, Hotel	38
Weggisgasse	37
Weinmarkt	34
Wochenmarkt	24
Zöpfli	28
Zunfthaus zu Metzgern	35
Zunfthaus zu Pfistern	36
Zunfthaus Fritschi-Stube	43
Zurgilgenhaus	29

Die 1869/70 erbaute Seebrücke verbindet die rechtsufrige Alt- oder Groß-Stadt mit der damaligen linksufrigen »Klein-Stadt«.

Die anläßlich des eidgenössischen Schützenfestes von 1901 erbaute Festhalle beherbergte während einiger Jahre das »Internationale Kriegs- und Friedensmuseum«. Abgerissen 1932.

Die einst 285 m lange, heute noch 200 m messende Kapellbrücke ist ein über die Reuß führender hölzerner und gedeckter Fußgängersteg. Wahrscheinlich mit dem Wasserturm um 1300 errichtet, war sie als Bestandteil der Befestigungsanlage gedacht.

Inneres der Kapellbrücke. Im Dachstuhl befinden sich heute 147 sog. Dreieckbilder mit szenischen Darstellungen aus der Schweizer bzw. Luzerner Geschichte, gemalt von Heinrich Wigmann um 1614.

Luzern - Kapellbrücke und Jesuitenkirche

Rechtsufriger Brückenkopf der Kapellbrücke. Die Brücke führte vor der Errichtung des Quais bis an die Kapellkirche heran. Daher der Name Kapellbrücke.

Die Reußbrücke ist der älteste Übergang über die Reuß. Sie ist erstmals bezeugt in einer Urkunde von 1168.

Die Reußbrücke mit der geöffneten Reuß-Schwelle, von Nordwesten gesehen.

Der Bahnhof in Luzern um 1910, eröffnet 1896. Am 5. Februar 1971 zerstörte eine heftige Feuersbrunst die Hauptkuppel und den rechten Flügel.

Luzerns Perspektiven weisen vielverheißend ins 20. Jahrhundert.

Luzern - Spreuerbrücke

Die Spreuerbrücke war nach der im 19. Jahrhundert abgerissenen Hofbrücke die dritte hölzerne und gedeckte Holzbrücke Luzerns. Um 1408 vollendet und seither öfters verändert. Im Gebälk sind die Totentanzbilder von Caspar Meglinger, um 1626/35 gemalt, aufgehängt.

Ein typischer Kartengruß um die Jahrhundertwende.

Das 1606 fertig erstellte Rathaus, vom Kornmarkt aus gesehen.

4751 Luzern - Rathaus

Blick vom Rathaussteg auf das von Anton Isenmann errichtete Rathaus. Die italienischen Renaissanceformen der Steinfassaden harmonisieren mit dem alemannischen Walmdach aufs vorzüglichste.

Kapellbrücke mit der Rigi im Hintergrund. Biedermeierlich eingerahmt.

Seit alter Zeit findet der Wochenmarkt noch heute am Dienstag- und Samstag Morgen »Unter der Egg« statt.

Der Viehmarkt, hier noch am oberen Hirschengraben, ist seit einigen Jahren aus der Stadt verbannt.

Blick vom Hitzlisberg auf Luzern mit dem Pilatus.

Hotel Schwanen (eröffnet 1836, eingegangen 1942). Heute nur noch Restaurant. Rechts davon Hotel Rigi (eröffnet 1856, eingegangen 1942). Heute Geschäftshaus Bucherer.

Alte Häusergruppe, Zöpfli genannt, an der Reuß.

18836 Luzern — Museggtürme

Luzern vom See aus mit dem Zurgilgenhaus und Baghardsturm. Links davon die Peterskirche, auch Kapellkirche genannt. Sie ist die älteste Kirche innerhalb der Stadtmauern. 1178 erstmals erwähnt.

Hier stand früher die Sust, ein Gebäude, in dem die Umschlagware für den Schiffsverkehr eingelagert wurde. Abgebrochen 1862.

Die Kapellgasse führt vom Kornmarkt zur Peters- oder Kapellkirche. Sie ist eine wichtige Geschäftsstraße der Altstadt.

Beim Schwanenplatz streckte sich der See noch zu Beginn des 19. Jahrhunderts bis weit in den Grendel hinein. Unser Bild zeigt das alte Hotel Rigi, erbaut 1856. Ganz rechts das 1903 errichtete Geschäftshaus »Passage zum Stein«.

Der Mühlenplatz erhielt den Namen von den am Reußufer stehenden Stadtmühlen. Im Hintergrund das 1947 abgerissene Hotel Rössli. An seiner Stelle steht heute das Warenhaus »Epa«.

Der Weinmarkt, früher Fischmarkt, war der bedeutendste Platz im alten Luzern. Hier fanden im 16./17. Jahrhundert die berühmten Passions- und Osterspiele statt. In der Mitte des Platzes der 1481 von Meister Konrad Lux geschaffene Brunnen.

Das Bielmannsche Wohn- und Geschäftshaus an der Baselstraße von Stadtbaumeister Müller erbaut, wurde 1970 abgerissen.

Links das alte Zunfthaus zur Metzgern, erstmals 1333 genannt. Rechts das Haus mit der Apotheke des Chronisten Renward Cysat (1545–1614). Beide Häuser mit Malerei aus dem 19. Jahrhundert.

Ehemalige Nuntiatur an der Rössligasse. Das Gebäude mit der spätgotischen Kapelle war vorübergehend Wohnsitz der in Luzern residierenden päpstlichen Gesandten.

Seit 1576 besaß die Pfister- oder Bäckerzunft am Kornmarkt ihr Zunfthaus. Heute gehört das gut restaurierte Gasthaus dem kantonalen Bäckermeisterverband.

Anläßlich der 400 Jahrfeier der Schlacht bei Dornach wurde das Haus 1899 im neugotischen Stil umgebaut und mit der Fassadenmalerei von Seraphin Weingartner geschmückt.

Die Weggisgasse, im Mittelalter Wegus genannt, war und ist eine der wichtigsten Ladengassen.

Luzern. Weinmarkt. Hôtel des Balances.

Wo sich heute das Hotel Waage oder Hotel des Balances erhebt, stand ursprünglich das älteste Rathaus Luzerns. Hier war auch der Platz, wo offen Gericht gehalten wurde. Das Hotel, hervorgegangen aus der Verschmelzung der Zunfthäuser »zu Schützen« und »zu Saffran« wurde 1810 erbaut. Seraphin Weingartner, der Direktor der Kunstgewerbeschule, war auch hier der Schöpfer der Wandmalereien.

LUZERN. - Hôtel Monopol.

Nach dem Bau des neuen Bahnhofs (1896) entstand in unmittelbarer Nähe das Hotel Mono- oder Metropol. Sein Erbauer war der bekannte Luzerner Hotelarchitekt Emil Vogt (1863–1936).

Abstinenz-(Abstinence-) Hôtel Helvetia.

Noch am Stadtrand befand sich das 1900 erbaute alkoholfreie Hotel Helvetia an der Waldstätterstraße. 1917 als Hotel eingegangen.

Ein stolzes Hotel war das 1871 errichtete Hotel Viktoria. Sein Name sollte an den Besuch der englischen Königin Viktoria in Luzern (1868) erinnern. Seit 1920 ist das ehemalige Erstklasshotel ein Geschäftshaus an der Pilatusstraße.

Eines der ersten größeren Hotels am linken Reußufer war das Hotel St. Gotthard-Terminus. Es stand zwischen dem neuen Bahnhof und der Post und fiel 1963 der Spitzhacke zum Opfer.

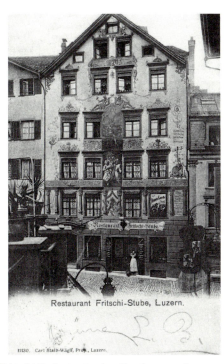

Restaurant Fritschi-Stube, Luzern.

Luzern.
Gütschbahn v. Hôtel Gütsch.

Die Fritschi-Stube ist ein altes Gasthaus am Sternenplatz. 1602 erstmals erwähnt. Der Name Fritschi stammt von der luzernischen symbolischen Fastnachtsfigur, nach der sich die Safranzunft auch Fritschizunft nennt.

Auf der sog. Gütschhöhe, einer Waldkuppe, die sich südwestlich zum nahen Sonnenberg hinzieht, steht seit 1884 das schloßähnliche Hotel Gütsch, das mit einer Seilbahn mit der Stadt verbunden ist.

Das Hotel Du Lac war 1867/97 in Etappen erbaut worden. Das Mittelstück mit der Kuppel war eine besondere Zier des Hotelkomplexes. 1944 abgebrochen.

Das wohl bekannteste Hotel in Luzern ist der Schweizerhof 1846/55 von den Gebrüdern von Segesser erbaut. Hier stieg 1893 der deutsche Kaiser Wilhelm II. ab.

Luzern - Kursaal

Der Kursaal, auch Casino genannt, ist das eigentliche Vergnügungsetablissement mit Spielbetrieb Luzerns. 1882 von einer französischen Gesellschaft errichtet, ging es 1896 in luzernischen Besitz über. 1910 wurde der Bau von Emil Vogt neu gestaltet.

1906 eröffnete der bekannte Innerschweizer Hotelier Franz Josef Bucher-Durrer das nach Plänen von Architekt Meili-Wapf erbaute Palace-Hotel.

Die Palmen vor den Hotels geben der Quaianlage südländischen Charakter.

Der Nationalquai mit der Hotelfront um die Jahrhundertwende.

An Pfingsten 1908 wurde der Kurplatz mit dem Musikpavillon durch einen Blumenkorso eröffnet.

Auch im Winter hat Luzern seinen eigenen Reiz.

Der Schweizerhofquai mit Blick auf die Luzerner Seebucht.

Im Juni 1910 wurde Luzern von einer Hochwasserkatastrophe heimgesucht.

Für die Fußgänger waren besondere Stege errichtet worden.

Die Hofkirche ist Hauptpfarrkirche und zugleich Stiftskirche des Chorherrenstiftes zu St. Leodegar. Nach dem Brand der alten gotischen Kirche 1633 wurde sie im Spätrenaissancestil 1644 wieder aufgebaut.

Diese alten Häuser am Fuße der Hofkirchentreppe sind heute von ihrem häßlichen Verputz befreit und zeigen das ursprüngliche Fachwerk (Riegelbau).

Blick von der Hofkirche auf den Schweizerhofquai.

Die Fronleichnamsprozession führte ehedem im zweistündigen Rundgang durch die »Groß- und Kleinstadt«. Infolge des gesteigerten Verkehrs beschränkt sie sich seit einigen Jahren im verkleinerten Umfang auf die Altstadt.

4240 Luzern. Löwenplatz.

Der Löwenplatz ist Zugang zum Gletschergarten und zum Löwendenkmal.

Die Alpenstraße. Links das berühmte Cafe Huguenin. Im Hintergrund die Bierhalle Muth.

Das nach den Plänen von Professor Mossdorf 1886/88 erbaute Verwaltungsgebäude der Gotthardbahn.

1910 wurde das Kriegs- und Friedensmuseum von Emil Vogt erbaut. Heute ist es als Fluhmattschulhaus der Jugend dienlich.

Die Hauptpost. 1887 nach den Plänen von Architekt Gull aus Zürich errichtet.

Der 1908 fertig erstellte Neubau der Kantonalbank. Die Pläne stammen von Architekt Brunner und Stadtbaumeister Müller. Das Gebäude mußte 1969 einem Neubau Platz machen.

Das 1889 erbaute Gewerbegebäude am Mühlenplatz brannte 1932 bis auf die Grundmauern nieder.

1902 wurden die Gebäulichkeiten des neuen Kantonsspitals bezogen.

Die von Professor Mossdorf erbaute Kaserne konnte 1860 mit einer Infanterierekrutenschule belegt werden.

Die Kaserne mit der Reußbadanstalt (sog. Mississippidampfer). Blick von Norden.

Blick auf das Untergrundquartier um 1900.

Blick vom Gütsch auf fünf von neun Museggtürmen. Diese waren nach dem Sempacherkrieg zum Schutze der Stadt um 1400 errichtet worden.

Blick auf eine idyllische Ecke vor dem Bau des St. Karliquais.

Der Nölliturm mit dem 1899 errichteten St. Karliquai.

Der Obergrund vom Pilatusplatz aus gesehen. Rechts steht heute das Volkshaus (1914).

Das alte Lustenbergerhaus an der Ecke Moosstraße-Obergrundstraße 1. 1935 abgerissen.
Heute Geschäftshaus Disler.

Die Villenstraße und Ecke Horwerstraße um 1900.

Links das Gerichtsgebäude mit der von H. V. von Segesser erbauten Kantonsschule. Rechts steht heute das Stadthaus.

Der Hirschpark an der Hirschmattstraße-Frankenstraße, auf dem ehemaligen Gasareal. 1900 vom Gütsch hierher und 1906 ans Reußport verlegt. Heute steht hier die Zentralbibliothek.

Der »Freie Hof« an der Bahnhofstraße. Ältestes gotisches Haus in Luzern. 1950 abgerissen.

Die Pilatusstraße. Links das Hotel Jura. Wurde 1956 durch den Neubau des Hotels Astoria ersetzt.

Die alte Suidtersche Apotheke an der Burgerstraße vor dem Umbau 1906.

Die Franziskanerkirche, vermutlich um 1270–80 errichtet. Der neugotische Dachreiter stammt aus dem 19. Jahrhundert und wurde 1930 wieder entfernt.

#

Die Franziskanerkirche von Westen mit der Antonius- und Marienkapelle. Der Barfüßerbrunnen wird 1519 erwähnt. Die Säule und die Franziskusfigur stammen aus dem Ende des 17. Jahrhunderts.

Die Pauluskirche im Obergrund, 1912 von Karl Moser erbaut.

Luzern - Jesuitenkirche und Theater

Als erste Barockkirche der Schweiz wurde 1677 die Jesuitenkirche in Luzern eingeweiht. Die Eröffnung des Stadttheaters wurde mit der Aufführung von Schillers »Wilhelm Tell« 1839 gefeiert.

Das Schwesternkloster im Bruch geht ins 15. Jahrhundert zurück. Die Schwestern (Kapuzinerinnen) wohnen seit 1902 auf dem Gerlisberg.

Das Urselinenkloster Maria Hilf auf Musegg wurde mit der Kirche 1676–1681 erbaut. Das Kloster wurde 1848 nach dem Sonderbund vom Staat aufgehoben. Die Räumlichkeiten dienen zum Teil als Schule, zum Teil der städtischen Verwaltung.

Kloster Wesemlin bei Luzern

Das Kapuzinerkloster auf dem Wesemlin (1584/88) stand um die Jahrhundertwende noch außerhalb der Stadt im Grünen. Heute ist es von Villenbauten ganz umschlossen.

Auf Tribschen, einem Landgut zu Luzern wohnte 1866–72 Richard Wagner.

Gletschergarten mit Löwendenkmal.   Gruss aus Luzern.

1872 legte J. W. Amrein-Troller beim Bau seines Hauses im Weyquartier große Gletschermühlen, erratische Blöcke und Versteinerungen frei. Die Anlage wurde in einem Garten der Öffentlichkeit zugänglich gemacht. Sie bildet heute eine internationale Sehenswürdigkeit.

Erinnerung an die Eröffnung der ersten Schweiz. Luftschiffstation in Luzern. 1910 Souvenir de l'inauguration de la première station de dirigeables en Suisse à Lucerne

1910 wird Luzern Luftschiffstation und Wiege der internationalen Flugzeugfahrt.

Für das Luftschiff »Ville de Lucerne« wurde auf Tribschen eine Halle gebaut. Der Kriegsausbruch 1914 machte der Luftschiffahrt ein schnelles Ende.

Mit einem Zweidecker überfliegt der Fliegerakrobat Vallon die Bucht von Luzern. Es ist der erste motorisierte Flug über eine Schweizer Stadt.

Das sog. Rothenburgerhaus war früher ein Kaplanenhaus. Es ist wohl das einzige größere Holzhaus in der Stadt.

Blick vom Hotel Gütsch auf die Stadt und die Alpen.

Luzern ist seit 1861 Waffenplatz der Infanterie. Übungsplatz war und ist heute noch die Allmend, wo sich jetzt auch die neue Kaserne befindet.

Auf der Allmend finden seit 1899 mit Unterbrechungen jeweils im September die internationalen Pferderennen statt.

Abendstimmung am Luzerner See.

Um die Jahrhundertwende bis zum Kriegsausbruch 1914 waren die Seenachtfeste in Luzern besonders berühmt.

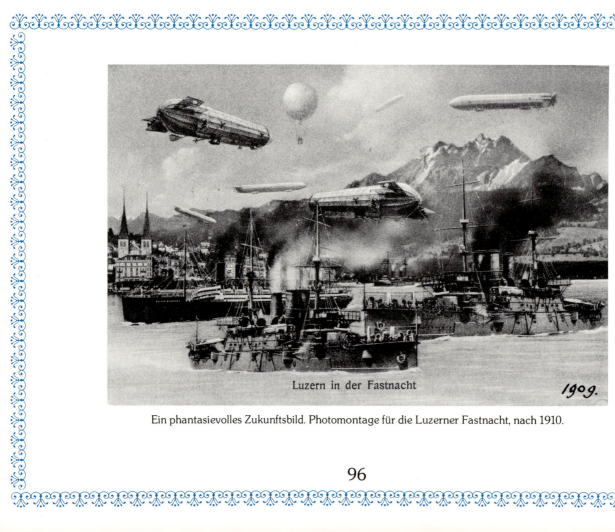

Ein phantasievolles Zukunftsbild. Photomontage für die Luzerner Fastnacht, nach 1910.